AF322691

Bienvenidos,

Que este libro inspire a ti, a tus hijos, o a tus estudiantes a sentir la presencia amorosa de la Tierra. Los niños de los Andes llaman a la Tierra, "Pachamama." Cuando lo leas en alto, espero que este libro te ayude a escuchar la voz de Pachamama como si ella te estuviera hablando directamente a ti. Que estas páginas despierten tu voluntad personal para conectarte con la Tierra y retribuirle con gratitud. Todos nuestros ancestros sintieron y experimentaron esta profunda conexión con la naturaleza, así que las personas de todo el mundo pueden volver a aprender esta práctica como nuestro derecho de nacimiento. Todos somos hijos y guardianes de la Tierra.

Job 12:7-8
Pero pregunta a los animales, ellos te enseñarán;
pregunta a las aves del aire, y te lo dirán.
O háblale a la tierra, y ella te lo dirá.

## Dedication

Para mis nietos y todas las personas que atesoran,
honran, o protegen la Tierra viviente
R.M.

A mi Madre
G.A.



Dirección artística por Gloria Arteaga

Diseño del libro por Claudia Rivas

# HABLA, PACHAMAMA, HABLA

Escrito por **Rebecca Myers**
Ilustrado por **Gloria Arteaga**

Yo soy la Tierra. Yo soy Pachamama. ¡Yo estoy viva!
Yo soy antigua y siempre joven. Yo soy tan vieja como
las montañas y tan joven como las semillas que brotan.
Todo está vivo lleno de energía—no sólo la gente y los
animales, sino también las plantas y las piedras.

Como una buena madre, te doy lo que necesitas para vivir—agua, alimento, vestimenta, refugio, y plantas que hacen respirar al aire. Yo te cuido muy bien.

Te doy Belleza por todas partes.

Mira. Puedes verme de cerca en una flor, en un diente de león esponjoso, o en un campo de luciérnagas.

Mira de nuevo. Puedes verme a lo lejos en una puesta
de sol, en un halcón volando o en las estrellas.
*¿Qué Belleza viste hoy?*

Escucha. Puedes escucharme cada vez que un ave canta, un amigo se ríe, o los grandes árboles susurran en el viento. *¿Qué Belleza escuchaste hoy?*

Toca. Puedes sentirme cada vez que lanzas una piedra en el agua, chapoteas en el océano, o haces ángeles en la nieve.
*¿Qué Belleza sentiste hoy?*

Huele. Puedes olerme cada vez que cavas en tu jardín, bailas bajo la lluvia, o adornas tu cabello con flores. *¿Qué Belleza oliste hoy?*

Prueba. Puedes saborearme cada vez que bebes agua, muerdes una manzana, o masticas tu cena. ¿Qué Belleza probaste hoy?

Yo soy la Tierra. Yo soy Pachamama. ¡Yo estoy viva!
Lleva mi Belleza dentro de ti donde puedas sentirla.
Respira Belleza en lo profundo de tu corazón.

La Belleza puede sentirse como gratitud cuando estás agradecido por algo. La Belleza puede sentirse como amabilidad. La Belleza puede sentirse como amor. *¿Puedes sentir Belleza dentro de ti?*

Cuando te sientas feliz, juega afuera. ¿Te vio una ardilla? ¿Te habló un ave? ¿Te dijo hola un árbol? *¿Qué más viste?*

Cuando te sientas triste, sostén una piedra, recuéstate en un árbol, o camina descalzo en la hierba. Puedo ayudarte a convertir tus lágrimas en flores dentro de tu corazón.

Pon tu mano sobre tu corazón. *¿Lo sientes latir?* Recuéstate en la tierra y siente nuestros corazones latir juntos. Alrededor del mundo, la gente toca el tambor al son de nuestros corazones.

¡Juega conmigo! Me encantan tus canciones, tus danzas, y tus bendiciones. Gracias por recordar que estoy viva.
*¿De qué estás agradecido hoy?*

¡Cuídame! Me encanta cuando la gente piensa en ayudarme de una manera amable y gentil. Por favor, cuídame como yo te cuido a ti.
*¿Cómo te gustaría ayudarme?*

JARDIN COMUNITARIO
Kale
Lechuga
Beterragas
¡Planta Arboles!

Yo soy la Tierra. Yo soy Pachamama.
Recuerda—¡Yo estoy viva!

9 798868 958670